ISBN-13: 978-1530398966

ISBN-10: 1530398967

Hipnose de vidas passadas

jbcampos

Você sabe o que é hipnose?

Ah... Você pensa que sabe.

Eis os mistérios, saiba o quanto você é enganado. Não vamos aqui poupar ninguém, até porque todos nós passamos pelo crivo da hipnose universal.

Continue essa leitura e verá quanto engodo existe no seu caminho, então, procurará ter mais consciência desta vida insana que tem de levar.

Ao ler esse livro, verá mudar sua maneira de ser e de se ver, e será mais cônscio de si mesmo.

Seja o seu terapeuta interior

Boa leitura...

O autor

Sua Personalidade

Queira ou não, não vai fazer diferença, você é produto do meio.

Ao nascer com seus dons, creia. Eles foram criados em vidas pregressas, são resquícios do passado.

E lá no seu passado, você sofreu todos os tipos de influências, tal qual aqui neste presente. Todos nós somos compelidos pelo sistema global, por mais alheio que sejamos, ainda assim caminhamos pela regência cósmica, ou seja: não somos livres plenamente.

Em todos os sentimentos humanos instala-se a hipnose. Podemos classificar alguns sentimentos e tecermos comentários. Este sentimento chamado paixão, amor à primeira vista, quantas vezes já ouvimos muitas frases referindo-se a ele: sentimento-paixão, algo mágico e inexplicável com dúbio sentido. Um verbete que nos dá sentimento carnal e espiritual. Apaixonar-se pelo sexo oposto, ou por qualquer outro sexo. Temos a película famosa: "A Paixão de Cristo, subliminar e hipnotizante prestando-se ao mercantilismo, para locupletar a vaidade da cinematografia americana. Voltando à paixão à primeira vista, ficamos atônitos com o poder encantador deste estado hipnótico, envolvendo geralmente dois hipnotizadores e dois hipnotizados simultaneamente. E para entendermos o que isto significa temos de prestar profunda atenção e nos aprofundarmos em meditação introspectiva, culminando em projeções astrais. Então poderemos resumir que tudo começou lá no passado. Duas almas com seus resgates cármicos vão se juntar aqui na terra para concluírem suas missões. Essa empatia hipnótica faz parte de uma atração irresistível para a procriação, e outros resgates vão se concluindo.

Já no caso da Paixão de Cristo, entra o sentimento religioso mesclado do mais puro mercantilismo, haja vista as igrejas, sem exceção, são todas ricas, ou biliardárias. Eis a hipnose, conhecida por lavagem cerebral, se assim o preferirmos. E como bom filme, que o é, arrecada muito dinheiro através de bilheterias.

Hipnose do Medo

Ao se divagar pelos desfiladeiros da esperança, com a intenção de se alcançar dias melhores, formam-se jogadores de altos quilates, aqueles inveterados, que apostam tudo no engodo de ganhar a sua pseudoliberdade através do dinheiro.

Vamos destacar com ênfase esta hipnose destruidora, que afeta a humanidade, a hipnose do medo, é de lascar, porém, habita no ser humano, apenas uns poucos que se preparam para enxergar, e analisar o medo, encarando-o de frente; através do desapego integral pode se libertar parcialmente deste nefasto sentimento. Somente aquele que atingiu a maturidade espiritual e se desvencilhou do bem e do mal se livra do medo. É o espiritualista, que morre e ressuscita eternamente como se dormisse e acordasse em traslados espirituais, tendo consciência da sua missão nesta existência. Esta hipnose está no homem, caracterizando a fraqueza de sua natureza, quem não tem medo de perder? Veja os seus valiosos bens que criam seus medos: amor – dinheiro – filho – esposa – pai – mãe – posição social – residência – estima – libido – salvação da alma – finalizando, medo de ir para o inferno, etc.

Muito estudamos sobre o assunto aqui pautado, em paralelo com outras ciências, como a programação neurolingüística, onde só pudemos ver a hipnose instalada no seu contexto. O "rapport" técnica da mais pura hipnose, que instiga à imitação, ou arremedo do interlocutor, aliciando-o ao desejo do hipnólogo. Usando-se uma lei natural que diz: "o igual atrai o igual".

A hipnose em massa, tanto para se praticar o mal, quanto o bem. Adolf Hitler fez uso da hipnose em massa em larga escala, à prática descabida do mal. Assim como essa desastrosa criatura, muitas outras também agiram e, o mundo assistiu quase inerte, somente depois de muita dor e prejuízos, apresentou-se a hipnose do bem para execrá-los da convivência mundial. Essa hipnose do absurdo serviu para ceifar vidas e mais vidas "inocentes", através do descalabro macabro do sofrimento ímpar do ser humano. Observação: Quando colocamos entre aspas, é porque pensamos em resgates cármicos, apenas isto e nada mais, sem jamais fazermos qualquer pré julgamento, posto que não temos consciência do que a humanidade fora em suas vidas pregressas.

Hipnose do Fanatismo

A hipnose é um projeto mental, que logo se põe em prática para alegria ou tristeza do ser humano. Podemos classificá-la de: hipnose do fanatismo, a qual serve para os esportes, meios políticos, artísticos, científicos, religiosos, etc. O que leva um ser humano inteligente, aculturado sofrer um ataque do coração, fulminante, somente por que o seu time de futebol está perdendo, isto só pode ser um efeito hipnótico que o faz crer estar sendo lesado de alguma forma esdrúxula. É uma loucura, uma insanidade, essa fixação mental, como tantas outras produzidas pelo fanatismo desbragado. Contudo, podemos vislumbrar algo virtual, espiritual, ou semelhante abatendo sobre a ignorância humana. Isto se chama hipnose. Essa hipnose é tão poderosa que mexe radicalmente com grande parte da sociedade, envolvendo uma movimentação fantástica embasada em alguns jogadores a correr atrás de uma bola, a qual deve ser colocada dentro de um gol, esse pequeno absurdo afeta por uma atração hipnótica o mundo todo. Isso não impede que gostemos de futebol, mas temos de enxergar essa esdrúxula força atrativa à tão mísera ociosidade global. Também podemos classificá-la de bairrista, a qual nos afeta sutilmente nos induzindo à mentira de que somos superiores aos nossos irmãos, que não fazem parte do nosso clã. Esse besteirol começa pela nossa família, onde um irmão se acha mais, ou menos do que o outro, assim acontecendo com o seu bairro, cidade, estado, país e o mundo todo se vê na mesma situação. Digamos que em uma olimpíada internacional o nosso país se classifique na 30ª posição, porém, os canais televisivos continuam fazendo grande apologia patriótica sobre nossos atletas, o que é justo realmente, mas parece não ter muita consciência dessa hilária classificação.

Hipnose Saudável

A hipnose saudável, aquela de se praticar o bem, quase inexiste. As religiões se vangloriam neste sentido, bem, elas são o mal necessário, já disse alguém de relevada importância social: "A religião é o ópio do povo". Desde as pirâmides egípcias e seus faraós em conluio com seus sacerdotes prevalecem o poder e a riqueza nas mãos de um rei e seus asseclas em detrimento de um povo, sempre com o apoio sacerdotal, qual lhe dá plena cobertura social. Junte-se à saudável hipnose da conscientização e do equilíbrio, esta realmente é a melhor de todas. Neste contexto podemos dizer com convicção, sem nos importamos literalmente com os castigos, ou com o que pensem sobre nossa assertiva: "Deus é colocado a toda prova para chantagear os mais ignorantes deste pobre planeta Terra, SEUS CASTIGOS E SUAS BÊNÇÃOS" estão nesse jogo monetário e de poder, pode acreditar.

Regressão de Memória

É a técnica hipnótica poderosa de desobstruir a memória do cliente com finalidade terapêutica.

TVP – Terapia de Vida Passada

Hoje está na moda, até a agnóstica ciência acadêmica está se curvando ante seus resultados extra-sensoriais, embora, veladamente, sempre em cima do muro, para não se comprometer com a sociedade elitizada, até porque os cientistas perderiam muita força ante os sensitivos, e uma parte do seu faturamento financeiro e também seu status de inteligência suprema. Os sensitivos sempre existiram e pagaram caro por essa existência, já que foram execrados pelo sistema, em perseguição e morte, haja vista o mais importante de todos: Jesus de Nazaré, o filho de Davi. Seus bens reverteram em seus males, com sofrimento atroz, na mais degradante morte de cruz, já que, essa morte era a mais desclassificada de todas, e reservada para os maiores criminosos da época. Ou seja: sofrimento psicossomático profundo. E para que tudo isso se legalize em prol do sistema, criaram cursos de formação de médium, com outros rótulos, bem, a avacalhação está tomando conta de tudo, em detrimento do ensino à distância o qual não tem como segurá-lo. "Veja algumas universidades hodiernas: "Universidade do Cavalo" – "Universidade do Rock end Roll" – Universidade do DJ" – "Universidade da Pinga" e isso tudo é para tomar o seu dinheiro e deixar o seu filho tacanho, só está faltando a "Universidade do Diploma Falso". É incrível ver seres aculturados não enxergarem os fatos, e permanecerem estático diante de tantas aberrações, aliás, apoiando-as.

A hipnose é usada como poderosa alavanca de bom ânimo e autoajuda. Existem muitas experiências ao longo da existência humana catalogada com outros nomes, porém, sempre hipnose se nos parece ser o título mais indicado. Falemos um pouco sobre a TVP Terapia de Vida Passada – ela está inserida na RM –

Regressão de Memória está inteiramente ligada ao espiritualismo, portanto, de certa forma abominada pelo materialismo cético da ciência. Terapia quer dizer tratamento, e quando se refere a este assunto, resume-se que se trata de curas psicossomáticas. Fica óbvio que cura-se a mente, e no caso específico a alma, cuja cura refletir-se-á ao corpo físico. Por prazer ou por necessidade escolhe-se ser alguém nas vidas, com seus erros e acertos, porém, quando se nasce nesta vida presente, traz consigo os acertos e erros adquiridos em vidas pregressas. O reflexo desses atos e fatos se faz notório na vida normal e doentia do homem, sem exceção. Por aqui aparecem santos para ajudar e, capetas para atazanar a vida alheia, de certa forma essa força maligna globaliza-se no campo do assédio espiritual onde está a hipnose do mal. Porém, a TVP é de extrema utilidade ao sofredor inconsciente da origem de sua dor, portanto, ao entrar em catarse hipnótica encontra a cura para sua doença (espiritual), não se pode dissociar esta terapia do plano espiritual, ora, ora, se alguém entra em transe hipnótico transcendendo esta vida presente e indo para o passado ou futuro, seria ignorância essa dissociação. Vamos insistir sempre, não se dissocia o lado espiritual do material, eles estão intimamente ligados. Quando um médico agnóstico, cético, ou ateu faz uma operação bem-sucedida, com a mais absoluta certeza seu mentor espiritual lhe deu condição plena para isso, embora, a sensibilidade desse profissional seja curta para entender isto, e vamos mais longe, a entidade espiritual não está nem aí, com esse ínfimo fato de inconsciência, pois, a ela o que importa é a própria evolução, posto que também esteja em resgate cármico de sua evolução, e com certeza já se livrou do seu ego. Quando se transcende em viagem astral pode-se deparar com planos muito evoluídos e não se ver nada e nada se ouvir, já que o silêncio é pleno, e as entidades são pequenos pontos de luz e a comunicação é telepática, a diferença se apresenta no bem-estar do visitante, e não tem como dar a menor explicação possível. Quanto mais evoluído, mais sutil, e refinado.

Hipnose da Neurolingüística

Para se dizer hipnose em neurolingüística, se diz: condicionamento neuro-associativo. Enfim, muda-se o cão, mas as pulgas são as mesmas. Qualquer ato de aliciamento, convencimento, conquista, e outros, são a mais pura hipnose. Quando se efetua uma venda, faz-se antes muito esforço hipnótico neste trabalho. Portanto, vender implica em hipnose pura. Quando se quer conquistar uma criança, haja brinquedos e pingentes para chamar a sua atenção ao conquistador.

Qualquer influência, interferência, faz você mudar de idéia, e assim se diz: tirar da cabeça. Às vezes você está para concluir um belo negócio, e aparece na sua frente aquela pessoa, que você tanto ama e joga farofa no seu ventilador desqualificando a sua idéia. Lá se vai água abaixo o seu negócio, às vezes, bom negócio, pois, saiba, você foi hipnotizado mais uma vez entre tantas outras.

Na realidade vivemos sob a égide da hipnose!

Lá nos primórdios da civilização humana surgiram as hipnotizantes religiões, dizendo sobre o bem e o mal, dor e prazer, alavancas fantásticas que movimentam o homem e o mundo. Como um cão amestrado a fazer a vontade de seu adestrador pela hipnose, que lhe causa o prêmio do biscoito, ou naco de carne que lhe são dados como recompensa. Assim o homem se presta à vontade de um sistema aviltante a solapar suas energias através da velha hipnose. Haja vista quando um político mostra ao próprio povo a sua força, dizendo-lhe que o poder emana do povo, que é a mais estapafúrdia mentira. Se assim realmente o fosse o mundo seria outro, e os políticos corruptos jamais se reelegeriam aos montes como acontece na atualidade. Isto deixa de ser verdade, caso haja violação nas urnas eletrônicas, o que não nos causaria espécie, porém, a hipnose da cegueira persistiria atuando na cabeça da maioria. (essa ausência de poder é a influência da mentira hipnótica).

Auto-hipnose da Ilusão

Às vezes somos hipnotizados pelos nossos próprios sonhos, criamos nossas fantasias surrealistas, e pode até ser um sonho que se torne real se plasmando em nossa vida, pois, assim diz o adágio: "Querer é poder". Então use a persuasão de sua mente para alcançar algum sucesso. Estará realizando o seu grande sonho através da auto-hipnose positiva. O grande orador motivacional faz exatamente isso, hipnotizando o seu público para encaminhá-lo ao sucesso, posto que seja o seu próprio sucesso. Acontece que, o leigo acha que a hipnose é o domínio sobre o outro em local e com técnica específica o que lhe causa admiração, porém, existe uma maneira oculta, muito sutil e imperceptível, aliás, até profissionais são pegos nessa teia de inconsciência, posto que estejam distraídos com suas atividades. Vão agindo aleatoriamente presos em outras hipnoses. Esta hipnose da ilusão é a grande vilã da humanidade.

O autor vai falar na primeira pessoa ao relatar a experiência de vida de seu tio: Meu tio era um exímio barbeiro, era elogiado pelo seu esmero com sua navalha de fio agudíssimo, com sua máquina de cortar cabelos, e demais caprichos da profissão. Mas era também um jogador inveterado, viciado em jogar baralho, não tinha filhos, apenas a esposa, e isto talvez lhe proporcionasse a vida que levava. Devia possuir certo controle sobre a hipnose da ilusão de seu vício, posto que o jogo não acrescentasse nem diminuísse nada em sua vida. Veja, não estou fazendo nenhuma alusão benéfica ao vício, apenas estou relatando um fato. Sua vida durou aproximadamente um centenário, e o muito que pude analisar, foi este fato. Já outros jogadores perdem tudo e vão à via de fatos tirando a própria vida. É o mesmo que dizer, existem pessoas que não fumam, outras que fumam 3 maços por dia, e as que fumam apenas 3 cigarros por dia. E estão inseridas no contexto dessa hipnose.

Programação Mental

Quando nos aplicamos à auto-hipnose programada, estamos agindo com certa consciência ao objetivarmos o nosso desejo. O seu pensamento é criador, e pouco está importando com a sua hipócrita verdade, feito à gênio da lâmpada de Aladim. Ao formar a sua personalidade o seu gênio lhe é subserviente sobremaneira, obedecendo cegamente as suas ordens. O seu desejo é o maior hipnólogo, que vai ditar o seu destino. A hipnose é a criadora da fé em algo que se vai conquistar. Você, então foi hipnotizado para ter fé em alguma coisa, geralmente divina.

Na realidade todos nós fomos e somos moldados ao ambiente no qual vivemos e, hipnotizados a crer na verdade deste meio. Quando nascemos temos nosso hipnólogo de cabeceira, nosso "coach", nosso treinador, orientador, porém, temos de rezar sua oração, posto que nada saibamos ainda da arte de viver. São impostas suas regras hipnóticas aos nossos atos, gostemos ou não, isso não tem a menor importância, e como somos nascituros na eternidade, acatamos suas orientações sem a menor chance de discuti-las. Somos inocentes proteus (Maria-vai-com-as-outras). Temos de nos moldar ao meio ambiente para não sermos execrados como elementos estranhos. Logo estaremos servindo ao sistema, freqüentando escolas, e ambientes de trabalho para nossa própria sobrevivência, então acontece o previsto já não temos vontade própria, como na realidade jamais tivemos, e passamos a seguir o sistema se quisermos sobreviver. Então temos de nos adaptar ao meio em que vivemos e ponto, mas se conseguirmos viver à margem do sistema, ou mais ou menos à margem, aí podemos conseguir uma porciúncula de felicidade, embora, acreditemos que, ao nos livrarmos dessa hipnose, podemos viver em estado de espírito, como ouvidor silente, passando pelo processo do sistema, porém, consciente de todas as ocorrências sem nos afetarmos por elas. Como se assistíssemos a nós mesmos em nossas atividades, com nosso espírito à parte, talvez num canto do ambiente aqui pautado.

Ratificamos: o pensamento é extremamente hipnotizante, basta criarmos um objetivo de vida com firmeza e, estaremos dando azo a uma enorme hipnose condicionante, qual nos levará ao fim que colimamos.

Ninguém melhor para hipnotizar do que os pais aos filhos, pois, não é nada raro os filhos exercerem as mesmas profissões de seus pais.

Pensamentos negativos, ou positivos pronunciados, são a mais potente hipnose.

Hipnose Política

Anteriormente demos uma pinçada nessa hipnose social, da mais relevante importância, afora o grande asco que nos causa a grande hipocrisia desse mundo fétido que nos governa. O mundo caótico dos políticos aplica a hipnose maravilhosamente através de suas deslavadas mentiras, e o povo está cansado de conferir as falcatruas desses calhordas e, estando enleado na teia da veleidade não consegue se desvencilhar, e cai nas armadilhas, e até a mais alta autoridade nada pode fazer, posto que esteja manietada pelos ardis hipnóticos dessa horda (salvo as exceções). Não concebemos que, grandes homens jurisprudentes se encontrem cegos pela hipnose de tantos calhordas sem conseguir rever a lei, e isto é realmente um caso antigo, um osso duro de roer, e uma mosca difícil de engolir. Aliciam literalmente seus eleitores de maneira inexplicável. Como pode, lá pelo quarto mandato, os crápulas e safardanas se reelegerem, imunes de suas mentiras e roubos de verdadeiras fortunas dilapidadas da pobreza de seus eleitores. E lá se vão aos novos mandatos os sacripantas, ladrões e fraudadores dos pobres a se locupletarem, refertos de orgulho pela sua ignominiosa candidatura. Assim temos essa nefasta forma de hipnose dilapidadora dos que já não têm para sobreviver.

Será que esses eleitores são cegos?

E por que isto é capaz de acontecer?

Como?

Notamos o desespero dos políticos nas suas campanhas e nas propagandas eleitorais no afã de aliciar as mentes incautas através da hipnose, e sem saberem que o fator hipnótico é quem os reelege. Ressurgem com enfáticas promessas pessoais em visitas frenéticas, batendo em nossas portas nos momentos eleitorais, reeleitos somem literalmente até as próximas eleições, que coisa ignominiosa, e juízes muito inteligentes, nada podem fazer. Só não podemos entender por que são juízes, seria pela sua posição social, ou pelo salário que recebem?

Sob a égide da hipnose negativa estão as pessoas sem sucesso. Pois, foram condicionadas para esse estado de masoquismo, sentindo o prazer mórbido das lamúrias, foram hipnotizadas para sentir prazer no sofrimento, posto que, quando um pouco de felicidade lhe bate à porta, repelem-na na mais inocente incontinência. Esta grande casta pertence à maioria, foi criada para se sentir segura na mediocridade do sofrimento, e por isso mesmo a humanidade é doentia e subserviente a um sistema degradante. O PIB mundial poderia acabar com a fome do planeta e ainda sobraria muito dinheiro, porém, os milionários passam como a flor da erva, nascem, crescem, murcham e fenecem num abrir e fechar de olhos. É tão somente olharmos aos anais da história e perguntarmos cadê Nero, o grande imperador romano, e Alexandre O Grande, que fim levou, Nabucodonosor e sua Babilônia, cadê o grande Elvis Presley, John Lenon, e tantos outros, então amigo leitor, a vida é apenas o momento, e nada mais.

Hipnose da Insegurança

Há casos de profissionais dotados de grande capacidade, os quais foram indicados a altos cargos de chefia, porém, acabaram aprontando algum fato inusitado, levando tudo água abaixo, por perder a grande chance de suas vidas. Vamos dar alguns exemplos: Francisco desenvolvia muito bem seus afazeres na empresa onde trabalhava, quando por seus próprios méritos foi convidado à promoção de gerência. Porém, antes de tomar posse do almejado cargo fez o que não fazia há muitos anos, encheu o caneco, tomou todas, bebeu além das contas, e cometeu o grande absurdo, quis bater no seu próprio chefe, o qual lhe conferia o cargo de gerência. Hipnose hilária, que cega radicalmente, que traz em seu bojo o negativismo velado, quem diria que Francisco iria cometer tal desatino, tal loucura. Analisando o caso de Francisco chegamos a várias conclusões, e a mais plausível é: Francisco se sentindo com baixa auto-estima, quiçá, frustração profunda excedeu em seus atos, cometendo a tal loucura, que não é muito raro nas atitudes humanas, já que vemos os absurdos cometidos por pessoas que matam os próprios pais, ou avós, ou esposas, ou filhos. Bons casamentos são esgarçados pelas atitudes libidinosas, envolvendo amantes, crimes passionais, etc. Que estado cego e hipnótico leva profissionais gabaritados a cometerem a pedofilia com seus próprios pacientes, no caso de médicos, e padres então, pessoas que jamais deveriam cometer tal sacrilégio, posto serem aculturados sobremaneira. Somente pode ser pelo hipnotismo do mal trazido de outras vidas, até porque são impulsos incontroláveis.

Vamos deixar bem claro sobre a hipnose, a ela damos a maior deferência, até porque, ela se faz presente a todo o instante nas nossas vidas. É uma ferramenta fantástica que devemos usar diuturnamente para o bem-estar de todos. Mas não vamos ocultar o seu lado negro, pois, ao se ter ciência de sua poderosa força, pode-se direcioná-la apenas para o lado positivo da vida.

A mente de Francisco fez auto chantagem, por medo da mudança, da responsabilidade, do fracasso como gerente, sempre apontando o lado negativo de seu novo cargo, sem lhe mostrar o lado bom de reconhecimento, status, dinheiro, posição social, qualidade de vida, etc. A ponto de afrontar o próprio chefe que lhe estendia a mão em reconhecimento aos seus dotes profissionais. Aquela situação foi desastrosa para Francisco e um tanto desajustada ao seu chefe, que estava elegendo a pessoa errada. Pegou mal ao departamento, posto que a hipnose das fofocas atacasse os alcoviteiros, alardeando fantasias sobre o ocorrido, como diz o adágio: "Quem conta um conto aumenta um ponto". Veja o que faz uma atitude errada, dois bons profissionais enrascados na teia da hipnose.

Duas forças antagônicas que regem a humanidade e suas atitudes, através do condicionamento hipnótico. Dois pólos eqüidistantes que movem o mundo. Duas forças energéticas, quais devem ser equilibradas no fio da navalha, para o bem-estar humano. Aqui está a grande sabedoria de equilíbrio hipnoidal. Dois pólos hipnotizantes. Podemos compará-los ao Pólo Norte e ao Pólo Sul, sustentáculos do planeta Terra.

Não há como não ser marcado pela hipnose do sofrimento, e da dor intensa. O mesmo acontece com a hipnose do prazer e da alegria. Em ambos os casos existe o contágio. Veja que a hipnose está presente em todos os momentos de nossas vidas, ou vamos ignorar os parlatórios macabros dos déspotas deste mundo de ilusão hipnótica, não dá para passar batido. Todos os atos humanos estão calcados em aliciamento mental, convencimento, concitamento, indução, sedução, e a verborragia é extensa para caracterizar a hipnose, que impregna o inconsciente coletivo. A hipnose é a base de toda a criação. Vamos aos primórdios bíblicos e edênicos, lá no Jardim do Éden, o Paraíso, existiu muito bem enfatizado, o poder hipnótico do tentador contra o tentado, alusivo ao envolvente "sexo" de uma maçã. E os pregadores religiosos querem contundentemente que, creiamos nisto através de pregações hipnóticas. Esta hipnose traz status e poder desmesurado aos "escolhidos" de Deus, os sacerdotes é claro. Até se nos parecem com *Flashes* televisivos e ao vivo nas propagandas dos dias atuais, onde para se vender uma máquina qualquer, como um carro importado, ou não, usa-se peremptoria-mente o sensualismo de belas jovens semi despidas para hipnotizar seus clientes, que acabam comprando pelos apelos visuais e libidinosos. Aliás, os apelos sexuais são terríveis, vemos isto acontecer desde a criação do mundo. Podemos rivalizar duas hipnoses delirantes e coercitivas, ou você adere ao prazer carnal, que envolve predominantemente o sexo, ou a pseudo santidade de ir morar no paraíso divino através dos sacrifícios impostos pela hipnose da religiosidade. Haja vista que, geralmente o fiel, deita e rola para depois converter-se a uma religião com o perdão de seus pecados pelo batismo. Vemos a hipnose, ou a lavagem cerebral dos prêmios e castigos divinos. E a escolha é sua, ou você é bonzinho e vai morar no Reino da Glória Eterna, ou é ruinzi-nho e vai parar no quinto dos infernos, você é quem sabe... Ima-ginemo-nos tenras crianças ouvindo das bocas "abençoadas" de nossos primeiros heróis, tais afirmativas. Seremos a humanidade atual!

Bem, para nos desvencilharmos de tais hipnoses temos de buscar em introspecções profundas o ato de despnotizar-se através da conscientização. Passaremos por gênios, já que "em terra de cegos quem tem um olho é rei". Até estudiosos terapeutas são exímios hipnotizadores em prol de suas conveniências pessoais. Quando o profissional se arma contra o seu concorrente está praticando a hipnose da insegurança, e vai praticar a hipnose da chantagem contra outro profissional, guardada as devidas proporções, com certeza existem os praticantes da ética profissional.

Chantagem - Hipnose Plena

A chantagem é hipnose plena, quando alguém coage outro, para se locupletar. Quantos safados existem, bisbilhotando vidas alheias para chantageá-las na maior cara de pau. Algumas profissões usam dessas prerrogativas ardilosas para ganhar dinheiro legalizado, são os advogados inescrupulosos, políticos da mesma laia, e assim por diante. Sem incluirmos os assaltantes de mãos armadas, os seqüestradores, enfim o banditismo da chantagem.

Hipnose da Crítica

A crítica é algo que incomoda, levando o criticado à depressão pela pressão na maioria das vezes. E quando ela se mescla com a chantagem, e passa uma mentira em forma de verdade ao criticado, abatendo assim a sua auto-estima, é terrificante esse estado de hipocrisia. Abater o ânimo do próximo em proveito próprio é cometer enorme sacrilégio, que retornará inexoravelmente ao praticante, por isto quem a pratica é digno de pena. Quanto sofrimento presenciamos nesta vida, por esse nefasto ato praticado em vidas passadas. Espezinhar o próximo, pisando na sua personalidade, enxovalhando-lhe a paz, isto é degradante demais.

Hipnose da Fé

A melhor das hipnoses é a que produz a boa-fé (auto-hipnose). Quando se acredita no bem e, por ele se recebe milagres cósmicos.

Voltando às religiões, realmente estas usam da maior prerrogativa já aventada para o efeito hipnótico, nada mais pode impressionar o ser humano do que Deus e sua desmesurada força criadora e destruidora. Céus e infernos, bem e mal, dor e prazer estão inseridos no contexto. Mas a fé não pertence apenas aos religiosos como se fosse um verbete exclusivo do mundo eclesial, não, ela está em todos os homens, em todas as mulheres, jovens e velhos, que pensem um pouco, poderá crer em si mesmo, e daí receber infinitos milagres, até porque Jesus disse: "vós sois deuses, filhos do Altíssimo, e o seu reino está dentro de vós", então se somos deuses dispensaram qualquer condicionamento mental, que possa nos deteriorar a personalidade divina.

A Nossa Diferença Hipnótica

Toda a nossa diferença se encontra no nosso passado remoto (causas e efeitos hipnóticos) são nossas heranças de vidas pregressas. Claro fica que, estamos tratando direta e indiretamente de reencarnação, que a alguns parece coisa estapafúrdia de morrer e reencarnar, mas vislumbrando do ponto de vista estético, nada fica a desejar, quando se nasce de um local aparentemente imundo, beirando o "nauseabundismo" de nossas genitoras aqui no lindo e resplandecente planeta azul, e isto é considerado obra divina pela maioria humana. Semelhantemente à mais linda e perfumosa flor, plenamente dependente do esterco que lhe preserva a vida,

Convencer-se de alguma realidade depende de crer. Nem sempre se crê numa "verdadeira verdade". Quem enxerga um pouco mais, vê uma grande maioria crendo em muitas mentiras, portanto, em ilusões apenas. Bem, a própria vida é considerada pelos sábios a própria ilusão. Traduzida do sânscrito como: "maya". Assunto para guru nenhum botar defeito. Conjuntaremos sobre verdades e "verdades", dentre as religiões existem duas mães portentosas que falam de suas verdades, portanto, vamos usá-las como exemplo: islamismo e cristianismo, não vamos muito longe, peguemos duas mulheres, uma de cada religião, e coloquemo-nas numa praia brasileira e podemos notar o mais variado resultado de duas verdades. Uma enrolada em panos, ou seja, não se vê nenhuma mulher muçulmana ali, em compensação vamos vislumbrar o nudismo contundente da católica. E a comparação pode ser motivo até para morte, etc. Então onde está a verdadeira verdade nestes dois exemplos? E assim acontece com todas as religiões em suas condutas, cada uma puxando a sardinha para o seu lado. Quem se enquadra mais no assunto é o ecumenismo, porém, a maioria delas se diz ecumênica.

Hipnose Grupal

É simples perceber a hipnose grupal, quando o safardana político de duas caras, travestido de honesto, mentindo descaradamente diz: Vou tirar todos vocês da miséria, e tantas outras baboseiras postando-se como a panacéia de todos os males da humanidade, verdadeiro "deus", sendo aplaudido freneticamente pelos seus hipnotizados eleitores, deixando-nos pasmos pela tal aberração da natureza humana. Por que acontece isto com o povo? – Porque está sob o efeito hipnótico! Estamos apenas ratificando o que estamos cansados de escrever, e isto serve para as igrejas também. Que lavagem cerebral fantástica, quando um ser "inteligente e culto" entrega a chave de seu próprio carro importado nas mãos do pastor, na esperança de comprar a sua indulgência, que boçalidade, achando que o reino de Deus se compra com valores desta vida, quanta hipocrisia.

Um pai beberrão inveterado, diz ao filho, que a bebida não presta, porém, acaba sendo traído pela própria, tendo um fim trágico. O filho foi afetado por vários estágios de hipnose induzida, culminando no fato de morte. Agora o filho passa a odiar a bebida e quem a toma. Isto acontece aleatoriamente com todos os seres humanos, guardada as devidas proporções.

A Hipnose do Capricho

É também a hipnose da frustração, geralmente se faz o desejo do caudilho de ego inchado pela frustração. Alguém apresentando ao seu superior algum trabalho perfeito tem como resposta: Não dá para mudar aqui, ou acolá? Esses coitados e frustrados seres humanos acometidos pela hipnose do capricho são os piores cegos, não enxergam a sua fragilidade humana, têm a extrema necessidade de afirmação psíquica, em dizerem a última palavra. São verdadeiros hipócritas e boçais, não notam o ridículo que são na ordem do dia.

Quem não for se desfazendo desses estágios nefastos de hipnose, jamais alcançará a evolução cósmica-espiritual.

Hipnose de Vidas Passadas

As hipnoses de vidas pregressas são refletidas nesta vida presente, são fetiches inexplicáveis aos homens. Vícios e doenças que surgem do nada, a índole boa, quanto a ruim são resquícios hipnóticos de outras existências, que se afloram com a reencarnação com os efeitos de causas cósmicas. Desvio sexual de todas as ordens são aberrações com causas no passado e mal resolvidas nas pessoas. Já falamos que, nada neste mundo pode nos causar espanto, posto que nascemos e vivemos num mundo pútrido, e de matéria fétida, densa e viscosa. Não estamos sendo pessimistas, não, estamos somente confirmando aquilo que você já sabe, esta é a nossa pequenez diante da fulgurante verdade etérea, onde nada se aniquila e tudo permanece eternamente, inclusive nós ao retornarmos ao nosso verdadeiro lar. Quando no início desta obra dissemos que, não se é livre plenamente, quisemos dizer que estamos inseridos num contexto de vida e mais vidas de seres multiformes e multidimensionais a nos influenciarem sobremaneira. O corpo humano é movido à fábrica de atos e efeitos incríveis. Movimenta-se esta fábrica por funcionários altamente qualificados. A energia emanada dentro dessa fábrica por condutores eletromagnéticos, transmissores de ordens informativas, quais influenciam fortemente a mente e o corpo humano. Temos como exemplo os hormônios, que obedecem cegamente o estado de espírito humano, transformando assim a atitude do homem. Há pouco falamos da hipnose das tentações, pois, sabemos de antemão que vamos pagar alto preço ao sermos aliciados, e ao cedermos aos seus encantos. Como passe de mágica, incontrolavelmente caímos na malha do erro, conhecido como pecado, mas a interpretação mais lógica é: nada se faz sem motivos, ou seja: tudo tem o seu preço. É a cobrança sutil de nossos atos. Voltando às partículas de nosso ser, temos consciência de que elas são inteligentes ao cumprirem suas missões dentro de seus contextos de vida. A hipnose da influência vai e volta com seus resultados comunicantes às nossas partículas e formas pensantes. Como cada um de nós é um universo que venceu mais de 300.000.000, trezentos milhões de outros universos quando ainda éramos espermatozóides, então com certeza teremos forças suficientes para a tão almejada e decantada evolução cósmica, embora, assediados por mil maneiras de hipnoses. Cuidemos das hipnoses sutis, estas são verdadeiras armadilhas nas quais caímos constantemente, daí termos de contar com as benesses de nossos mentores espirituais, que orientam nossas consciências nos nossos atos de cada dia. Aceitemos isto com humildade, já que, deixamo-nos influenciar pelos espíritos baixos também. E para que assim seja basta cultivarmos os bons pensamentos, condicionemos a nossa mente a pensar sempre e constantemente os pensamentos sadios pela auto-hipnose. Anteriormente falamos sobre as moléculas do nosso corpo, pois, elas agem inteligentemente como os animais domésticos com suas inúmeras utilidades, elas são programadas pela natureza, porém, temos acesso para mudar essa programação pelo nosso estado de espírito. Devemos manter um relacionamento com nossos membros, através do relaxamento profundo, e que este relacionamento seja pelo diálogo como se faz entre pessoas, de modo que haja a respectiva resposta de bem-estar ao nosso corpo físico. É simples, somente induzi-lo ao relaxamento, ao estiramento, ou alongamento, a respiração deve ser consciente. O condicionamento físico é alto grau de hipnose, programação mental. Devemos nos introspectar com vontade para despertar o nosso deus interior, também conhecido por supra consciência e que vê com consciência plena. Desde há muito tempo os religiosos aprenderam que a oração é de grande poder condicionante, e a mantra também, com seus efeitos catárticos. Apesar do termo: condicionante. Aqui é bom que se entenda, é melhor um bom condicionamento do que um mau, isto é óbvio. Quando se desliga dos problemas desta vida, mesmo que momentaneamente, passa-se ao mundo dos sonhos, porém, que se torna realidade plasmada a esta vida de resgates cármicos. Em tudo se faz necessária a fixação mental, a concentração, que pode continuar variando de nome, mas não passa mais uma vez, de hipnose.

Os Primórdios da Hipnose

Avençou-se a chamar de hipnose o estado de sono, como significa o verbete derivado do grego, um estado estranho de magnetismo que, precedeu a hipnose. Cujo nome era, mesmerismo em alusão ao médico alemão, Antonio Mesmer, e logo modificado para hipnotismo pelo famoso psiquiatra austríaco, Sigmund Freud. Quando pensamos na hipnose sutil, até concordamos com o seu nome grego, posto que a humanidade durma profundamente na sua inconsciência. Quando batemos na tecla de se ter consciência da hipnose, estamos tratando do controle mental, que se dá pelo pensamento, e que altera a sua saúde, seu amor, sua profissão, sua riqueza, enfim o seu estado de espírito é quem manda nestas situações. A maioria humana sopita em seu estado de inconsciência como acontece com o inconsciente coletivo.

Catarse Mental pela Hipnose

A catarse é uma limpeza, que se faz através de um relaxamento induzido até que se chegue à meditação profunda. Psicoterapia de relevada importância comparada à oração e à meditação religiosa, porém, pode-se ir mais longe pelo estudo da de-sobstrução mental, ou seja, fazer a limpeza mental com consciência, trabalhar com escopo, com meta, com objetivo. Pode-se começar execrando a vaidade, o orgulho, o ódio, a vingança, o medo, e um monte de paixões desnecessárias para a evolução humana, e até substituindo-as por bons pensamentos como amor fraternal, humildade, generosidade, companheirismo, coragem, auto-estima, comedimento, pensamento analítico, as-túcia, prudência, enfim todos os que somente possam acrescen-tar, e não diminuir a boa condição de atitudes humanas. A TVP – Terapia de Vidas Passadas entra neste contexto como fator de muita importância como já aventamos anteriormente, posto que, muitos traumas nos acompanham de vidas pregressas, e tomando consciência destes fatos, com certeza se desfaz dessa carga que tanto maltrata a nossa mente, a nossa alma. Alguém que tenha tido problemas com afogamento em outras vidas, pode trazer o trauma para esta, e ter fobia por piscina, lagos, enfim tudo que comporte grande quantidade de água. Ou se teve uma morte por queda, terá medo de altura (acrofobia), ou esmagado, terá medo de lugares apertados e fechados (claustrofobia). Pisoteado, terá aversão por aglomerações de pessoas (misantropia).

Hipnose Inconsciente

O nosso dia-a-dia é movido pela hipnose inconsciente. Haja vista que estamos a todo o momento preocupados com o que os outros estão achando de nossos serviços, e se estamos agradando, ou não, então esta preocupação indica que alguma coisa mental está nos coagindo, que pode ser a própria sobrevivência. Nossa frustração nos leva ao estado profundo de hipnose reativa, ou desertiva, ou vamos enfrentá-la pra valer, ou desistimos, entrando em estado de inércia, de apatia. Quantas pessoas se entregam e sucumbem até à morte, porém, outras ressurgem das cinzas. Quantos casos presenciamos em nossas vidas, quiçá, você que está lendo estas palavras seja um deles, e com certeza o é, já que os problemas e as resoluções pertencem aos viventes deste mundo. Então, mesmo que a pessoa seja bastante consciente, ainda assim passa constantemente por esse processo. É muito difícil vigiar e controlar a mente, agora começamos a entender o nosso estado hipnótico, ele funciona como piloto automático de um avião, incomparavelmente mais aprimorado pela nossa supra consciência, e se assim não fosse não sobreviveríamos. Bem, você sai de casa e dirige o tempo todo o seu automóvel no mais acirrado trânsito de uma megalópole, porém, nem imagina quantas operações fez no e com o seu carro durante esse longo percurso, quantas dezenas de vezes mudou de marcha, quantos cruzamentos atravessou, por quantos faróis passou, o que comeu pelo caminho, o que bebeu o que pagou o que recebeu; em detalhes. No entanto, sobreviveu perfeitamente. E isto está acontecendo com bilhões de seres humanos semelhantes a você neste exato momento. Isto é condicionamento mental, que se dá pelo aprendizado hipnótico. Tanto isto é verdade que, se colocarmos um indígena nesta condição, com a mais absoluta certeza será como colocar você no centro de uma selva cerrada, onde o índio não terá problemas, e você, todos os inimagináveis.

Hipnose – Força Energética

A mente é a grande causadora e produtora de energias vibracionais hipnóticas, cada sentido humano vibra numa freqüência. O comodismo, e o conformismo levam a mente à hipnose estática que se dá pelo pensamento de se estar velho, decrépito, molambento, combalido, desgastado, em suma, doente. A menos que se faça o contrário, invertendo os valores mentais, lembremo-nos de que existem anciões em plena atividade profissional, e muitos paraplégicos, e muitos outros deficientes produzindo sobremaneira. O pensamento tem o poder de cura, de enriquecimento, de preservação, etc. Então, despnotize-se dos maus pensamentos, programando os bons e o seu sucesso será integral. Estamos tratando da hipnose da energia, quando pensamos expandimos energias pensantes para todo o universo, por isto que nossos pais, inconscientemente não aprovavam nossos palavreados chulos, pois, lá no fundo de suas mentes, sabiam que essas más palavras reverberavam voltando-nos a apoquentar a vida. Como o reflexo do vai e volta. Pois, toda palavra dita é antes pensada e criada pelo subconsciente de quem a pronuncia. A obsessão do fanatismo, da idéia fixa desequilibra nossa mente e mexe com a nossa conduta, mudando a vibração energética e, quando isto acontece nosso sistema elétrico entra em curto circuito intoxicando nosso corpo com a manifestação de doenças. Somos semelhantes a uma rede elétrica, que deve estar em perfeito estado para não acontecer o pior, que pode ser a sua destruição total pelo incêndio. Não permita que isto aconteça com você através de maus pensamentos. E como o computador que traça esta escrita, pode se infectar por vírus destruidores, assim é a nossa mente pelo pensamento, como a memória cibernética, assim age a hipnose virtual com a nossa cabeça. Podemos afirmar os fatos pela hipnose regressiva de memórias do passado no presente a ponto de ser real. Quando se sonha e tem pesadelo, tudo parece muito real o sofrimento torna agudo e verdadeiro na mente. Quando alguém entra em estado hipnótico mórbido de seu pesadelo passa a ser reconhecido como louco devendo ser alijado da sociedade.

A hipnose faz parte das atitudes energéticas psicossomáticas de nosso ser, pelas leis vibratórias, porém, podemos mudar as nossas vibrações baixas em sonoras. O universo e tudo que nele há se formou pela lei da vibração. Quando você se inteirar mais a respeito dessa lei, verá tudo antenado como receptáculo de seu pensamento e fala, e como já afirmamos, a hipnose está participante em tudo, deve cuidar mais no que concentra o seu pensamento. Quanto mais aquietar a sua mente, em relaxamento com o seu corpo físico estará se despnotizando, ou seja, obtendo o seu controle mental com poder de análise, escolhendo o seu melhor caminho, o menos enganoso.

Hipnose dos Cinco Sentidos

Visão, olfato, paladar, tato e audição são sentidos espirituais exteriores, que dá para você ter certa compreensão de suas existências, porém, existem muitos sentidos velados em seu interior e, é aqui que entra toda sua dificuldade existencial. O que sou, e o que estou fazendo aqui, e para onde vou? Os cinco sentidos lhe dão as informações grosseiras do universo exterior, foram programados para isso. Anteriormente comentamos sobre corpúsculos inteligentes e que dão a formação integral de nosso corpo físico, então concluímos inteligências aos nossos sentidos também, sendo eles sensores de vibrações energéticas positivas e negativas. Eles nos conferem autoconsciência física. Levou uma pancada na mão, é o tato que sofre as conseqüências. Foi acariciado, ei-lo lhe conferindo o prazer do carinho, do amor. Vislumbrou uma obra de arte, ou uma cena tétrica, eis sua visão lhe informando, sempre com dor ou prazer. Cheirou a putrefação cadavérica, ou um perfume frances, agora é vez do olfato a lhe informar sobre dor ou prazer também. O estampido de uma bomba a lhe perfurar o tímpano, ou a maviosa melodia a lhe trazer bem-estar de paz de espírito, mais uma vez conforto e desconforto, é o trabalho de sua audição. Sobrou o paladar a lhe dizer sobre o doce e o acérrimo, novamente o prazer e o desconforto, simplificando de novo: dor e prazer.

A dor e o prazer são uma constante em nossa vida, sempre atrelado pela hipnose, estes cinco sentidos detectores são dominados pela hipnose na sua intensidade, e até mesmo, anulados por ela. Tanto isto é verdade que, cientificamente, faz-se operações sob o seu efeito anestésico e inibidor de sangramento e infecções, fato confirmado por médicos renomados, e também filmados como prova cabal de seu enorme poder. Fato é fato e não há o que se discutir. Ou você nunca ouviu o famoso e verdadeiro adágio: "Fato é fato, e não há contra-argumento". Vamos inferir de uma vez por todas: a hipnose é a verdadeira mediadora de nossos atos!

Para se ser hipnotizado são imprescindíveis nossos sentidos, que produzem dor e prazer. Não se presta muita atenção nestes dois causadores de vida, dor e prazer. Muito prazer transforma-se em dor. Muita dor transforma-se em prazer, então fica claro que é mais que verdadeiro o equilíbrio diante de tantas meias verdades. São duas energias poderosas para acabar com nossas vidas, como exemplos já citados, do torcedor que morre de ataque cardíaco, tanto pelo prazer de ver seu time ganhar, tanto quanto perder. O que não passa da mais estapafúrdia bobagem, porém, real.

O fogo queima tanto quanto a água hiper gelada. Haja vista as geadas sobre as plantações, antigo fato natural, existe na nossa frente desde que o mundo é mundo, o mesmo acontece com o gelo seco, a eletricidade quente, resfria câmaras frigoríficas, haja vista nossos fogões elétricos, e nossas geladeiras, porém, a hipnose da distração não nos deixa pensar em coisas tão naturais, fundamentais ao nosso conhecimento e conscientização. Recursos hipnóticos, quando você é atingido pelo ápice de uma dor, lhe acomete o desmaio catártico, recurso natural, eis a catarse da mãe natureza a lhe inibir o medo radicalmente, já que você se apaga. Assim não cabe a você se deixar levar pela hipnose energética, ou não.

Quando falamos da hipnose sutil e introspectiva, passamos para mundos paralelos, e aos planos interiorizados, onde o tempo e espaço não existem.

Hipnose do Sexo

A grande hipnose da vida humana chama-se sexo, esta é demais poderosa. Aqui entra geralmente o prazer desequilibrado, pelo qual o homem perde a razão, o senso, os bens desta vida, a moral, a vergonha, enfim a ética. Quando uma serpente atrai um passarinho se diz que, ela o hipnotizou, a ponto de se entregar à morte, veja só o poder inexorável da hipnose, o mesmo acontece com a libido humana, como aventamos anteriormente sobre a jovem despida para vender automóvel, é o fim da picada, coisas virtuais, que não entendemos racionalmente. Mas, fica claro que é o chamariz da natureza para encher cada vez mais o planeta de gente, mas para quê? Eis os bilhões de seres desajustados e hipnotizados pela ignorância demográfica. Vamos esclarecer mais ainda, mesmo que a redundância nos aflija o que importa é estigmatizar o assunto para uma maior lembrança do leitor, já que estamos ratificando o óbvio. A sedução é forte fator hipnótico, alguém se apercebendo sedutor pode usar essa prerrogativa para usufruir ao se apropriar de bens de suas vítimas. Milhões de casos de amor que se conhece mostram a subserviência humana entre um casal de amantes. Na maioria das vezes o aliciado por essa sedução se entrega desvairadamente aos braços de Morfeu, doando-se e, doando também tudo o que possui ao amado (a) inexplicavelmente, prejudicando assim sua família, constituída por filhos, esposa, netos, etc. Assim como o hipnotizado perde toda sua sensibilidade numa sessão de hipnose, este amante perde todo o senso. Como se explicar isto?

Hipnose de Palco

Bem, muitos duvidam dessa hipnose, já que ela é feita ao público geral, em programas de televisão, então se deduz que houve combinações, conluios entre hipnotizador e hipnotizados. Mas porque uma juíza de direito se submeteria a tal escárnio ou um medico, um empresário, isto já não faz muito sentido. Então afirmamos que ela existe mesmo, embora, possa também existir o combinado. Bem o autor deste livro é hipnólogo, e não tem a menor dúvida sobre o que está escrevendo, embora, não queira defender tese em causa própria, quantas vezes, sem mais nem por que, ordenou para alguns de seus amigos para abrir a mão, induzindo rapidamente que ela não se fecharia e isto foi real, boquiaberto nada entendia do estava acontecendo, Apenas um fato corriqueiro, mas existe muito mais. Já que enveredamos a esse pequeno testemunho vamos narrar outros fatos importantes a você leitor, dirimindo-lhe alguma dúvida.

Permito-me falar na primeira pessoa por enquanto.

Apresentou-se a mim uma jovem com seu noivo, e assim falou:

- O senhor faz hipnose?

- Sim, faço!

- Bem, o senhor vai me desculpar, mas não acredito que isso exista e que alguém possa me hipnotizar.

O jovem noivo, por ser muito amigo de minha família, fez questão de provar o fato, já que era meu cliente.

Então lha retorqui, dizendo:

- Minha jovem, deite-se neste sofá e relaxe apenas, e vamos conversar.

Ela aceitou de bom grado, e começamos a dialogar assuntos aleatórios, enquanto o noivo fazia anotações da nossa conversa.

Logo notei que ela havia se apagado, então entrei com perguntas mais capciosas para realizar uma terapia convincente.

- Relembre seus 11 anos, e onde você se encontra.

- Encontro-me na sala de aula.

- Descreva sobre seus colegas e sua professora.

Resumindo, ela me falou sobre muitos detalhes, posto que a sessão durasse 2 horas. Após a sessão, retornou leve, e solta diferentemente de quando chegou tensa. Sem noção do tempo que ali estava, ficou admirada quando certificou a hora em seu relógio, e abismada perguntando se alguém havia mexido nele, adiantando as horas.

Houve riso por parte dos assistentes. Porém, ela não havia se tocado. E continuava renitente afirmando não crer na hipnose. Então passei a repetir a sua história, tendo que a hipnose fora inconsciente, falei a ela sobre um acidente que lhe ocorrera, quando era bem criança, colocara cola na sua vista esquerda, ficando com somente 30% daquela visão. E que sofrera um atentado ao pudor aos 11 anos, e fui mais fundo ainda, descrevendo o que ocorrera em seus primeiros dias de vida, seu bracelete, e chocalhos, e os cinco nomes que cinco mulheres estavam escolhendo para lhes dar, sendo suas tias com tais roupas e as cores do ambiente, etc.

Admirada com alguns relatos, prometeu voltar no dia seguinte, pois, iria confirmar alguns fatos com a sua mãe. No dia subseqüente lá estava ela estarrecida com os fatos, porém, continuava afirmar não acreditar na hipnose, mas me chamava de bruxo.

Poderia ficar relatando muitas experiências do gênero, mas perderia o foco principal que é tentar esclarecer o que é hipnose.

Hipnose da Vida Real

Há muitos anos, havia comprado um sítio, e fui com minha família vasculhá-lo e a nossa filha mais velha, que teria na época seus nove anos de idade, estrepou se pé num cepo seco, porém, era o cerne de uma madeira de lei. Estávamos longe de algum recurso, e não estava querendo protelar o seu sofrimento, e como vez ou outra lhe aplicava a hipnose, então partindo dela, me pediu para extrair o estrepe sob o efeito hipnótico. Assim foi feito, e ela nada sentiu, tampouco sangrou, e hoje se encontra muito bem, e como testemunho de há mais de trinta anos da ocorrência, lá permanece a cicatriz daquela machucadura.

Quando jovem, e já casado vim do interior do estado para a capital, São Paulo, para tentar melhorar de vida, e já tinha bastante intimidade com a hipnose, trabalhei em muitas atividades. Até que um dia pratiquei a auto-hipnose com especificidade. E o seu efeito foi surpreendente, consegui tudo o que tinha sonhado na minha vida.

Hipnose Programada

Quando você nasceu, trouxe em sua memória genética, fortes programas como se fosse a memória de um computador que tem sua memória fixa e programável, e essa memória gigante vai armazenando tudo, além do que já vem armazenado, que se chama subconsciente. Às vezes afloram resquícios de suas vidas pregressas e seus distúrbios negativos, até porque distúrbios só podem ser negativos, causando-lhe muitas dores. Quantas vezes sentimos alegria sem motivo, uma espécie de euforia, este estado de coisa, também, se atribui aos programas de bons eflúvios de vidas pregressas. Sua subconsciência apenas armazena não se importando com seu sofrimento ou com sua alegria, realmente não passa de uma potente ferramenta mental, exatamente como uma ferramenta, não exprime sentimentos. Porém, se você conseguir arrancar algumas poucas informações desse arquivo, com certeza sua vida dará uma guinada de 360° tornando-se outra pessoa. Lembranças de vida passadas são traumatizantes até o momento que se conscientize de que elas não passam de lembranças, portanto, não pertencem à realidade desta vida. Está-se praticando a cura, posto que se descobrisse a causa. Imagine o trauma se você se encontrar muito feliz num salão de baile com a pessoa amada, e repentinamente você vê a cena de sua morte por um assassinato presente, acontecido em outra vida no mesmo recinto. Será muito bom se você procurar um bom terapeuta para rever suas vidas passadas, eliminando os traumas e suas seqüelas de outras vidas.

A hipnose é realmente eficiente para mudar padrões de comportamento, mantendo diálogo entre a consciência e subconsciência, abrindo assim os canais ocultos do espírito. Isto faz com o medo que é um ser vivo, pois, se assim não fosse não causaria a desgraça da humanidade. Quando se pratica o relaxamento consciente, perde-se o medo, ele se afasta pela sua natureza medrosa dando trégua ao seu ser, que descansará por alguns momentos, até que ele retorne. Infelizmente é assim que acontece. Assim o cliente pode viajar ao passado ou futuro com experiências fantásticas, comprovando sua veracidade. Imagine-se passando por uma experiência assim: você nunca saiu da sua cidade, tampouco do seu país, e agora através da regressão se encontra em Paris, num castelo e lá você e um guarda, um lacaio qualquer ou o próprio rei, sempre vestido a caráter, e tenha morrido tragicamente, e neste momento sente todas as agruras dessa sua vida pregressa. Ao voltar do transe hipnótico, vai à cata dessas informações, Chegando à cidade Luz, a Paris de todos os encantos, revê "in loco" tudo, exatamente tudo o que vivenciou naquela sessão de terapia de vida passada. Você pode até continuar duvidando, porém, se pensar melhor lembrar-se-á de que fato é fato!

Vamos esclarecer algumas dúvidas, podem-se dar muitos nomes aos mistérios metafísicos, emaranha-se nessa teia, a alma, a mente, a consciência, o espírito, o perispirito, subconsciência, eu maior, eu interior, essência, substrato, conciex, e vai por ai afora. Seja lá o que for, e como for não poderá negar os mistérios da metafísica, e de uma mente velada e maior a dominar nossos passos, pois, basta o tempo mudar para também mudar o nosso caminho. Temos de caminhar com sabedoria, anelando a evolução de nossa essência

Não podemos recordar de todas nossas vidas em detalhes, não suportaríamos tanto sofrimento e arrependimento pelo que fizemos e pelo que passamos. A natureza nos programou para poucas recordações e pelo processo de regressão de memória. E por estarmos neste plano sem maiores evoluções, dá para se imaginar o nosso passado tétrico com passagens horríveis. Na terapia se afloram alguns sofrimentos que o subconsciente aprende a não mostrar mais ao sofredor, porque não pertence a esta vida. Portanto, depois de se descobrir a causa praticamente dá-se a cura. Entenda que esta programação são os nós de suas próprias ações para você desatá-los já que foi você que amarrou, são seus resgates cármicos. É importante que se diga que através da hipnose sua mente é reprogramável ajustando-a para sua evolução. Harmonizar a mente consciente com o subconsciente para você enxergar melhor, isto quer dizer para que você tenha mais luz. O autoconhecimento liberta o ser humano de seus medos infundados.

Pelas muitas induções hipnóticas a nós aplicadas ficou indelével impregnada em nossa mente a idéia de que todos nós, inclusive o planeta nos encontramos fora do universo. Cada cabeça interpreta o que vê e ouve de maneira particular, embora, semelhante, até porque não existe nada igual. Essas congruências fazem de nós seres especiais (deuses) cada um com potencialidade desmesurada. E para você ter ciência disto terá de sair do seu corpo com consciência, pois, inconscientemente já o faz constantemente, fazendo viagens aos mundos astrais. E por onde for, experimentar seus poderes etéreos para plasmá-los na sua vida terrena. Como não tem consciência dessas viagens que faz, não entende ser um deus com infinitos poderes. Tudo o que você pensa fica registrado no arquivo cósmico. Assim como existem infinidades de ondas de rádio com infinitas informações, comparadas aos seus pensamentos, qual recebem influências por elas. Escrevemos repetidamente este assunto para que você tenha uma pequena idéia da força do seu pensamento, daí ser aquilo que pensa.

Hipnose Limitadora

É aquela que foi criada para que você se sinta seguro no lugar que está, na profissão que se encontra. Mudar de residência, jamais, trocar de parceiro, ou parceira, não, está sempre lhe dizendo: fique quieto, "não se mexe no time que está ganhando". Bem, se você não arriscar perder, também não arrisca ganhar, o fator de risco está atrelado à sua vida, e as mudanças são inexoráveis, pois, nascemos, crescemos e morremos, não existem mudanças mais radicais do que estas. Não existe evolução sem mudanças, nada fica parado no universo, somos energias vibracionais, portanto, ficar estagnado, estacionado, não leva a nada, mesmo porque ninguém fica nesse estado, suas moléculas se movimentam, nascem e morrem constantemente também. Vai ficar no comodismo da insegurança como aventamos anteriormente, e poderá cometer erros como os de Francisco, que queria bater em seu chefe, quando lhe promovera ao cargo de gerência.

Desejar ardentemente permanecer neste plano caótico é falta de evolução, cabe mais uma vez, explicativas mais enfáticas, conforme vamos resgatando nossos carmas através de reencarnações vamos galgando a escala evolutiva, até não voltarmos mais a esta vida, passando a planos mais refinados, aperfeiçoados, lugares maravilhosos, inefáveis, inexplicáveis aos terráqueos. Como nos narra o apóstolo Paulo nas Escrituras Sagradas, dizendo ter ido até o terceiro céu, ouvindo, vendo e sentindo coisas inefáveis, as quais não seriam possíveis relatar aos seres humanos, embora, a grande maioria evangélica afirme que, há apenas um céu para onde irão os escolhido de Deus.

Hipnose Metafocal

Este é o tipo de hipnose, que traz o sucesso pessoal e profissional.

Você tem desejo de ser bem-sucedido?

Claro, que tem!

Então, se imagine focando a realização de seu desejo, e estará a caminho de realizá-lo. Vamos aos exercícios da hipnose metafocal: em outra vida próxima passada você exerceu uma ou mais profissões das quais guarda no seu registro "acáshico" muitas experiências. Antes dos exercícios seria de bom alvitre, analisar seus dons natos, aqueles que você tem mais facilidade de executar, conscientizando de que eles já existem em você, como ter facilidade para a música, para as artes plásticas, arte de cantar, de vender, empresariar, e vai por aí afora. Vamos lá então: esteja em lugar onde ninguém venha perturbá-lo. Esteja confortável, não sentindo nenhum tipo de incômodo físico-mental. Agora você vai praticar a auto-hipnose, criando em sua mente um lugar esplendoroso, e se ver nele, envolvido plenamente por uma luz protetora, girando em todo o seu ser, e retirando-lhe todas as impurezas de maus sentimentos, como raiva, ódio, medo, insegurança, autocomiseração, enfim, tudo o que possa lhe atrapalhar nessa fantástica hipnose metafocal. Essa luz deve ser da cor violeta, posto que, seja mais perfeita para sua purificação integral. Sabe-se que a cor rosa, é a cor do amor, e a dourada, de sabedoria e alta espiritualidade, ao misturá-las se tem uma cor violeta mais refinada e preparada para este exercício. Agora mantenha contato com sua supra consciência, desejando aquilo que lhe pertence de fato e direito: o sucesso integral. Este sucesso é completo, por não ficar condicionado ou atrelado apenas em um quesito, como focar apenas o dinheiro, o amor, a saúde, bem, isto deve ser conduzido à risca para se alcançar o equilíbrio, que é a maneira mais sábia de se viver. Agora o seu sucesso está à sua frente, e você está livre das amarras, dos bloqueios, que lhe impediam de ter sucesso. O verdadeiro sucesso é tudo aquilo que lhe traz bem-estar. O poder dessa hipnose metafocal em seus efeitos o acompanhará para o resto da vida, livrando-o das dores, das doenças, das perturbações, etc.

Hipnose da Ignorância

Essa é de doer, é a do orgulho, você precisa, alguém lhe oferece, e você rejeita. Se alguém lhe der uma casa, posto que você morasse de favor em algum gueto, e você joga a chave desse presente fora, ora, ora, que diferença faz se você tem, mas não desfruta. É a hipnose boçal, despnotize-se.

Hipnose das Aparências

Ao vislumbrar alguém bem apessoado, pode tornar-se seu admirador por motivos aparentes. Porém vai se chocar quando perceber que aquela aparência é falsa. E se não for falsa, vai se hipnotizar mais ainda pela personagem. Banho de loja faz parte desta hipnose, pelo qual, muitos vendedores e comerciantes se aplicam para ganhar frente em suas vendas, na maioria das vezes, sem imaginar o que é hipnose.

A vida é cheia de encantos e seduções, portanto, cheia de hipnoses. Lembre-se de vez por todas, a sua superconsciência, seu eu maior, eu interior, supra consciência, esses títulos todos você já conhece, chamemo-lo de superconsciente, mas leve-o a sério, ele sabe tudo sobre você e suas vidas, embora, em estado de hibernação, acorde-o e estará muito à frente das pessoas ditas normais, pode crer. Assim como o seu cérebro comanda seu físico ele comando sua vida.

Hipnose & Superconsciência

Vamos esmiuçar este assunto com algumas metáforas comparativas. A sua mente general, mora na sua caixa craniana, mais especificamente num quartel general chamado, cérebro, e comanda um exército incomensurável, se esse general tiver pulso firme em suas ordens, o seu corpo psicossomático ganhará todas as batalhas e guerras. Esse quartel sofre constantemente atentados de invasões inimigas, dos maus pensamentos, comparados a helicópteros desejosos de pousar no seu núcleo mental, infantaria de doenças viróticas em seu corpo físico. E já instaladas as bases inimigas em seu território, tem-se de lutar corpo a corpo. Seus glóbulos brancos, (anticorpos) soldados valorosos que recebem ordens enfáticas de ataques sobre os soldados do mal, das doenças, então o seu país, ganha ou perde essas guerras virais, ou viróticas. Ou reage e ganha a guerra para o presidente: Superconsciente, ou desanima e perde para o inimigo: Deletério.

Falamos de tantos seres energéticos, e você onde fica, bem, achamos que você já se percebeu ser o causador de tudo e, entendeu que é apenas parte do processo, que é o seu superconsciente que pode dar conta do recado. Isto é você! Fica bem claro que, você deve agir pelo superconsciente, como diria Jesus: pelo espírito. Esta dualidade tem de ser entendida como necessária, para que você não se sinta abandonado, sozinho, no seu próprio universo. Este assunto suscita muita confusão no mundo religioso, mas, é no aperto das tribulações, que você tira a prova real dos amigos espirituais, que humildemente lhe socorre sem se importar com seus nomes e apelidos. Alguém esta morrendo em algum acidente, e lhe chama por José, sendo o seu nome Joaquim, você irá socorrê-lo sem dar a mínima para este fato. Assim são os nossos mentores, estão acima de fatos egocêntricos e pequenos demais, aliás, para eles nem existem. Vamos a mais exemplo, você vai pedir algo ao presidente da república, e que somente ele poderá lhe dar, mas você esbarra com o problema de chegar até ele. Seu superconsciente está em você, e como a sua barreira é apenas pedir, o que está esperando, por que não pede? A hipnose da limitação está lhe impedindo, então despnotize-se dela. Ganhe consciência, enxergue mais, saia do comodismo, avance para a hipnose do desejo, do querer é poder, da fé.

Sem Hipnose

Quando você alcançar a consciência geral, todas suas faculdades mentais chegarão às suas atividades perfeitas, sob o seu controle. Isto será como uma orquestra bem organizada sob a batuta de um grande maestro.

Nenhum sentido tem permissão de consumir todas suas energias, a não ser em desequilíbrio, na falta de um comandante que é você. Tudo isto depende de você ultrapassar a hipnose das limitações. A bem da verdade esta conscientização acontece quando se chega à conclusão necessária de lutar contra nossos impulsos animais, que advêm de nosso pensamento desenfreado. A compulsão é a hipnose do cleptomaníaco, que rouba qualquer objeto sem valor para satisfazer seu desejo mórbido, pois, este doente não consegue ver a sua enorme burrice doentia.

Hipnose do Auto-condicionamento

Eis alguns tópicos para melhorar suas atitudes, uma oração, mantra para você repetir.

1-Eu sou a perfeição.

2-Eu sou essencialmente humilde

3-Posso e devo ser bem-sucedido

4-Eu sou aquilo que penso

5-Sou o senhor dos meus sonhos

6-Estou em harmonia com todas as leis cósmicas

7-Expando minhas energias ao mundo exterior e interior

8-Vivo no eterno presente

9-Sou íntegro, sadio e feliz

10-Não conheço limites

11-Abro meu coração e mente à mente cósmica universal

12-Eu sou a essência da vida.

Esses doze itens devem agir sobre você como uma mantram do seu bem-estar e autoconfiança.

Hipnose da Loucura

Ah. Você dirá: loucura é loucura não tem nada a ver. Bem, se você acha que Judas o iscariotes, Adolf Hitler e tantos mais não foram loucos, paciência, não pensamos assim. Ficaríamos aqui fazendo uma enorme lista de nomes dos grandes maníacos que mancharam a honra da humanidade, e o pior, seus mártires juntamente com o planeta pareceram estar manietados pelo poder hipnótico dessa loucura. Após enormes genocídios despnotizaram-se para a respectiva razão. Ainda estamos vendo guerras, produtoras de misérias, revestidas de fome e doenças sobre a face da Terra, mas os poderosos assistem passivos, às vezes fomentando-as. Como pode?

A propósito vamos comentar de um líder religioso, que fora acometido por essa hipnose. Jim Jones, líder de uma seita religiosa, induziu radicalmente quase mil pessoas a tomarem veneno no mesmo momento em que ele o faria, e o fizeram e morreram todos. Ratificamos somente você pode achar essa pessoa normal, e os que o seguiram? O mesmo diríamos de Hitler, este afetou a humanidade, seu genocídio foi impar na historia despótica da humanidade. É impossível que uma nação ariana, tão avançada sofresse de loucura a ponto de se entregar às mãos de outro louco varrido de origem austríaca, Áustria, berço de grandes personalidades. Guardadas as devidas proporções, entregaram-se à hipnose da loucura, da mentira. Como se consegue fazer uma preleção pública e aliciar milhares de seres inteligentes e aculturadas a aderirem às loucuras de uma fábrica de mortes, e mortes horripilantes, esse austríaco fazendo da Alemanha sua pátria, hipnotizou parte da Europa para tal absurdo. Mentes incautas de doutores, professores, e empresários foram pegas de surpresas pela hipnose do facínora e ditador da morte, que usou da palavra para seduzir multidões. A hipnose da loucura cega, posto que é a hipnose do mal. Aplicamos aqui muitas redundâncias e pleonasmos até porque toda e qualquer loucura é cega e insana. Quando Jesus pediu aos seus discípulos para orarem e vigiarem, foi para livrá-los da tentação dessas loucuras. O mal seduz pelo prazer de se praticar o próprio mal. Veja este exemplo: Abra uma igreja com a mais nobre intenção de praticar o bem, destituída de qualquer promessa de salvação, de qualquer barganha com qualquer bem moral e material, com a mais absoluta certeza não vingará, aliás, não se encontra igreja religiosa neste contexto. Porém, se você encontrar alguma vaga na face da Terra abra uma com todas as prerrogativas de retorno ao fiel, ah... Vai prosperar de vento em popa. Como todas que existem, são bem aquinhoadas, ou multimilionárias.

Hipnose & Hipnose

É uma sociedade poderosa que se instala no inconsciente coletivo, o grande desastre da humanidade. Por que desastre? Porque é formada na sua grande maioria pelos pensamentos medíocres e tacanhos. Daí saem as atitudes dos homens deste planeta, posto que, quando se pensa em alguma coisa a tendência e ir à pratica do que se pensou. No consciente paira o senso crítico para que o pensamento seja plasmado ou não. Exemplo: vou matar alguém, bem, o pensamento consciente e analítico me mostra o outro lado da moeda, como prisão, arrependimento de uma atitude que não tem volta, o resgate cármico, etc. É o pensamento positivo anulando a hipnose do pensamento negativo.

Ratificamos: o fator hipnótico é encantador, mágico por excelência, porém, a evolução do ser humano carece desse jogo hipnoidal para tornar-se senhor de sua própria hipnose, assim poderá escolher melhores caminhos à sua existência. No relaxamento profundo e programável, conversa-se com os membros do próprio corpo para se chegar ao ápice da descontração, mas esta conversa é auto conversa. Criam-se duas mentes para se conversarem, que é o ato de falar sozinho, é o mais interessante ato de interação energética, neste ato deve-se convidar uma terceira mente que é realmente a mais poderosa, a superconsciência. Os grandes cientistas como "Albert Eisnten", "Sigmund Freud", "Jung", "Piaget", "Bill Gates", e tantos outros, foram orientados plenamente por essa poderosa força mental, criando sobremaneira, passando por gênios da humanidade.

Hipnose da Espera

"O tempo é o senhor da razão", eis a grande verdade natural, tudo passa, nada fica para contar a história. Esta hipnose é justa quando faz o indivíduo esperar com dignidade. Uma criança fica condicionada ao tempo e vai se apercebendo que isto é bastante natural, é o amadurecimento do fruto da vida. Depois de adulta vai encarar muitas esperas para alcançar seus ideais de vida, muitos entram pela hipnose do desespero, partindo para a senda do crime, tentando um atalho para conseguir bens desta vida, e pratica muitas maldades, passando como um trator por cima de tudo e de todos até dar com os burros n'água. O tempo é relativo quando pensamos na eternidade, certa feita, disse Jesus: "Para Deus, mil ano é como um dia".

Hipnose da Vida

Milhões de condicionamentos recheiam o caminho humano na estrada da Vida, cada encruzilhada, uma hipnose, confundindo a mente do homem. Como já dissemos a vida é um jogo e nós os jogadores, onde existem muitos blefes e mentiras para nos enganar, e é aqui que somos favorecidos pela sabedoria, ou pelo sofrimento. É a hipnose do aprendizado. A confusão e as dúvidas são muitas. Por que isto e por que aquilo, então existe um sistema para guiar a humanidade, como se faz com animais encurralados e empurrados para um destino, porém, deve chegar o momento em que uma ou outra ovelha desgarra do seu rebanho indo à senda da evolução. A vida sendo (maya) do sânscrito = ilusão, e a sua duração é bastante efêmera, e de aprendizado muito rápido, pois, quando nos damos conta, o tempo passou e estamos no final da vida, e agora não adianta chorar o leite derramado, o tempo na eternidade continuará marcando o nosso destino.

Hipnose do Sorriso

Esta faz bem a todos, quando sincera. Ela abre portas ao nosso sucesso, pode crer.
Além, de liberar o prazer e a alegria de viver através dos hormônios já aventados anteriormente, a beta endorfina, e outros anti-estresse, ela condiciona o ser humano ao bem maior,

sendo a verdadeira expressão do amor. O desejo de sorrir espontaneamente deve-se à boa hipnose da alegria. Quando não se tem o hábito de sorrir, pode-se cultuá-lo até torná-lo uma constante em nossa vida. Os homens públicos geralmente sorriem para conquistar as multidões, intuitivamente ou dedutivamente chegaram a esse consenso de que o poder hipnótico do sorriso é o precursor maior do sucesso.

Hipnose da Miséria

O masoquista vive essa "saga", existe maior miséria do que essa de gostar do sofrimento, até porque além de sofrer, leva outros também ao sofrimento. Nisto peca quem interpreta mal as palavras do Cristo: "É mais fácil um camelo passar pelo fundo de uma agulha do que um rico entrar no reino dos céus". Tudo estes registro estão no consciente coletivo. Vejamos as verdades dos servos e filhos de Deus, basta rivalizarmos os discípulos ricos e poderosos de Jesus e os reis ungidos de Deus na religiosidade hebraica, que na verdade é a base de todas as demais que nos circundam na atualidade, então podemos notar a enorme e nefasta contradição atribuída à hipnose, que onera a consciência humana, comecemos pelo rei Davi, e seu filho Salomão, foram os mais ricos de suas épocas, e no Noto Testamento temos, Lucas o médico, Mateus o Coletor de Impostos, Nicodemos que pertencia à alta cúpula judaica, José de Arimatéia, o Senador e vai por ai afora... A hipnose das confusões e das meias verdades, das contradições, e das desculpas esfarrapadas, tais como, deixar nas mãos de Deus, Ele sabe o que faz, não uma folha seca de uma árvore sem Deus querer. Aqui se insere também a hipnose das falsas profecias. A hipnose da verdade pessoal, ao se abordar um assassino, com a mais absoluta certeza, vai justificar seus crimes. E isto acontece com todos os seres humanos, pois, todos possuem suas verdades. A hipnose é inerente a estados mentais, portanto, tudo o que existe no universo passou por alguma mente. A mente é o princípio da criação condicionada, portanto, hipnótica, e disto ninguém escapa.

Retrocedendo ao que falamos no início deste livro, a hipnose do contágio está presente desde a nossa mais tenra idade. De tanto ouvirmos nossos ídolos dos nossos primeiros dias de vida, fica impregnado em nossas mentes todo o lixo do negativismo, até parecemo-nos com curva de rio. Sem desprezarmos as coisas boas, elas também se fazem presentes. Exemplo: seu pai lhe fez ver a vida em branco e preto, ou colorida sobremaneira saindo equilibro. Se lhe mostrou um negativismo avantajado, isto vai lhe afetar na velhice, você vai se achar velho e cansado aos 40 anos de idade, ao passo que existem velhos de 90 anos em plena atividade. E se você se basear na estatística que vai lhe mostrar certa negatividade, por tomar o contingente como enquete, até porque a maioria opta em se achar velha também. Não se esqueça a maioria emana pensamentos negativos, que ficam registrados no inconsciente coletivo.

Hipnose da Culpa

Essa é uma desgraça, sabe por que, porque nossos irmãos estão sempre se safando de seus erros e jogando-os sobre nossos ombros, e na maioria das vezes nós nos sentimos culpados pelos erros dos outros.

Finalizando nosso propósito de entender mais ou menos a respeito de um assunto etéreo, vamos fazer apologia explicita à hipnose que interessa a todos nós. Falamos bastante de sucessos... Mas não enfatizamos a hipnose do sucesso, é com esta que desejamos fechar este trabalho, com a esperança de que seja com chave de ouro.

Hipnose do Sucesso

Este modesto autor, que já é sexagenário, tem experiência própria de vida, e esta hipnose esteve presente em suas introspecções por longo tempo de sua existência, posto que a pratica e estuda desde a mais tenra idade.

Para se ter o verdadeiro sucesso consciente, se faz necessária uma dose de auto-hipnose diária, com foco ao sucesso integral.
Eis o tripé do seu sucesso a ser focado:

1 – Desejo
2 – Foco
3 – Ação

Esta auto-hipnose deve ser calcada neste trinômio, e com a mais absoluta certeza você alcançará o sucesso.

Peça à sua mente para desejar ardentemente o foco do seu sonho, e muita força para você correr atrás.

Boa hipnose e,

Sucesso
Sucesso

Sucesso

www.ingramcontent.com/pod-product-compliance
Lightning Source LLC
Chambersburg PA
CBHW071241280526
45788CB00004B/1524